चुटकी भर रंग

हाइकु संग्रह

डॉ. रंजना वर्मा

ISBN 978-93-5458-533-3
© डॉ. रंजना वर्मा 2021
Published in India 2021 by Pencil

A brand of
One Point Six Technologies Pvt. Ltd.
123, Building J2, Shram Seva Premises,
Wadala Truck Terminal, Wadala (E)
Mumbai 400037, Maharashtra, INDIA
E connect@thepencilapp.com
W www.thepencilapp.com

Author biography

कवियित्री का परिचय

नाम -

डॉ. रंजना वर्मा

जन्म -

15 जनवरी 1952, जौनपुर (उ0 प्र0) में ।

शिक्षा-

एम. ए. (संस्कृत, प्राचीन इतिहास) पी0 एच0 डी0 (संस्कृत)

लेखन एवम् प्रकाशन -

वर्ष 1967 से देश की लब्ध प्रतिष्ठ पत्र पत्रिकाओं में , हिंदी की लगभग सभी विधाओं में । कुछ रचनाएँ उर्दू में भी प्रकाशित ।

प्रकाशित कृतियाँ -

सावन , समर्पिता, कैकेयी का मनस्ताप, वैदेही व्यथा, संविधान निर्माता , द्रुपद सुता , सुदामा (सभी खण्ड काव्य), चन्द्रमा की गोद में (बाल उपन्यास), समृद्धि का रहस्य , जादुई पहाड़ (दोनों बाल कथा संग्रह), मुस्कान (बाल गीत संग्रह), फुलवारी (शिशु गीत संग्रह)। जज़्बात , ख्वाहिशें , एहसास , प्यास , रंगे उल्फ़त , गुंचा , रौशनी के दिए , खुशबू रातरानी की , ख़्वाब अनछुए , शाम सुहानी ,यादों के दीप , मंदाकिनी , आस किरन , बूँद बूँद आँसू (सभी ग़ज़ल संग्रह)। गीतिका गुंजन , सरगम साँसों की , रजनीगन्धा , भावांजलि (गीतिका संग्रह) , सत्यनारायण कथा (पद्यानुवाद) । मुक्तक मुक्ता , मुक्तकाञ्जलि , मन के मनके (सभी मुक्तक संग्रह) । दोहा सप्तशती । एक हवेली नौ अफ़साने , रास्ते प्यार के , अमला , पायल (उपन्यास)। सूर्यास्त (कहानी संग्रह) । साई गाथा (महाकाव्य), गीत गुंजन , गीत धारा , मीत गीत के , आ जा मेरे मीत (सभी गीत संग्रह)। बसन्त के फूल (कुण्डलिया संग्रह)। चुटकी भर रंग, जुगनू (दोनों हाइकु संग्रह)। चंदन वन (तांका संग्रह),

इंद्रधनुष (चोका संग्रह), मेहंदी के बूटे (सेदोका संग्रह) नयी डगर (वर्ण पिरामिड संग्रह)।

सम्पादन -

मन के मोती , मकरंद , सौरभ , मौन मुखरित हो गया (चारो कविता संग्रह), अँजुरी भर गीत (गीत संग्रह), शेष अशेष (स्मृति ग्रन्थ), हास्य प्रवाह (हास्य व्यंग्य कविताओं का संग्रह) , थूकने का रहस्य , करामाती सुपारी (दोनों हास्य व्यंग्य संग्रह)।

प्रसारण -

गीत, वार्ता, तथा कहानियों का आकाशवाणी, फैज़ाबाद से समय समय पर प्रसारण ।

सम्मान -

श्रीमती राजकिशोरी मिश्र सम्मान , श्रीमती सुभद्रा कुमारी चौहान स्मृति सम्मान , काव्यालंकार मानद उपाधि , छन्द श्री सम्मान , कुंडलिनी गौरव सम्मान , ग़ज़ल सम्राट सम्मान , श्रेष्ठ रचनाकार सम्मान , मुक्तक गौरव सम्मान , दोहा शिरोमणि सम्मान , सिंहावलोकनी मुक्तक भूषण सम्मान , दोहा मणि सम्मान।

सम्प्रति -

सेवा निवृत्त प्रधानाचार्या(रा0 बा0 इ0 कालेज जलालपुर, जिला अम्बेडकरनगर उ0 प्र0) से।

सम्पर्क सूत्र - ranjana.vermadr@gmail.com

CONTENTS

हाइकु विधा

विधान—

यह काव्य की एक जापानी विधा है जो वर्णों की गिनती पर आधारित है। इस विधा में कुल सत्रह वर्ण होते हैं। सम्भवतः यह विश्व की सबसे छोटी काव्य विधा है। हाइकू अनुभूति की चरम अवस्था की अभिव्यक्ति है।

इसमें कुल तीन पंक्तियाँ होती हैं जिनमें क्रमशः 5,7,5 वर्ण अर्थात कुल 17 वर्ण 5,7,5 के क्रम में तीन पंक्तियों में होते हैं। हाइकु में दो बिम्ब होने आवश्यक कहे गयेहैं। इसमें प्रकृति अथवा ऋतुसूचक शब्द होना अनिवार्य है। कहीं कहीं यह। मानव मन की अनुभूतियों का प्रगटीकरण भी हो सकता है। यह प्रकृति तथा मानव प्रेम की कविता है अतः इसका विषय मानव मन की भावनाएं भी हो सकती हैं। यह दो खण्डों में होती है। प्रथम पंक्ति में प्रकृति का दृश्य तथा शेष दो पंक्तियों में अन्य भाव अथवा प्रथम दो पंक्तियों में कोई दृष्ट तथा अंतिम में अन्य भाव हो सकता है परन्तु दोनों बिम्ब एक दूसरे से सम्बंधित हों यह आवश्यक है।

भँवरा

1-
भौंरा कलूटा
बैंगन जैसा बूटा
पुष्प प्रणयी ।

2-
प्रेमी भँवरा
पंखुरियों में बंद
प्राण गंवाये ।

3-
शोर मचाये
कलियों को सताये
कृष्ण भ्रमर ।

4-
कहा न जाये
भँवरा इतराये
गुनगुनाये ।

कोयल

1-
डोलती रहे
कुहू कुहू कोयल
बोलती रहे ।

2-
कोयल काली
शहद जैसी बोली
लगती प्रिय ।

3-
नन्ही कोयल
आम्र मंजरियों में
रस घोलती ।

4-
कोकिल स्वर
सबको ही लगता
हृदय हर ।

5-
पिक कुहका
अमृत रस घुला
कर्ण कुहर ।

6-

सुन री श्यामा
मत बन तू वामा
पिया प्रवासी ।

7-
मधुर कण्ठी
कहते काकपाली
बड़ी निराली ।

8-
याद दिलाती
मनसिज जगातीं
श्याम कोकिला ।

9-
चुप भी कर
मत बना दीवानी
धीरज धर ।

10-
आया बसन्त
कुहुकने लगी है
मुग्ध कोकिला ।

गणतन्त्र

12

1-
निज का तंत्र
सिखाता गणतंत्र
रहें स्वतंत्र ।

2-
अनन्त काल
नीले अम्बर मध्य
उड़े तिरंगा ।

3-
तीन रंगों की
भारतीय पताका
नित्य फहरे ।

4-
है श्लाघनीय
हमारा संविधान
गर्व प्रतीक ।

5-
देश की शान
गौरव का निशान
करें सम्मान ।

6-

उड़ी सुगन्ध
पाटल पंखुरियाँ
झंडे से गिरीं ।

7-
चलो उड़ायें
स्नेहिल सौहार्द्र के
शांति कपोत ।

पिता

1 -
वही है पिता
सदा पालनकर्ता
विपदा हर्ता ।

2-
सदा जनक
बने सुख दायक
श्रेष्ठ नायक ।

3-
पिता की शिक्षा
भूलती न सन्तति
माने आदर्श ।

4-
सदैव पिता
जन्म का जिम्मेदार
संरक्षक भी ।

5-
पिता का साया
जब भी लहराया
पुत्र निश्चिंत ।

6-

पिता का हाथ
निभाता रहे साथ
करूँ कामना ।

7-
सबसे श्रेष्ठ
करे परवरिश
केवल पिता ।

8-
भाग्य विधाता
सन्तति सुख दाता
पिता व माता ।

9 -
वट वृक्ष सा
पिताजी का अस्तित्व
देता सुरक्षा ।

10 -
सन्तान पाती
पिता के ही संस्कार
अधिकतर ।

11 -
कहाँ हो पिता
छोड़ के बेसहारा
चले ही गये ।

12 -
चलते रहे
उँगली पकड़ के
पूज्य पिता की ।

13 -
हम ने पढ़ा
जीवन इतिहास
पिता नैन में ।

14 -
बच्चे अनाथ
जन्मदाता के बिना
माता उदास ।

15 -
मृदु हृदय
सबका ही आश्रय
पिता सदय ।

16 -
बेटी के लिये
पिता ही है आधार
माता के बाद ।

17 -
पिता सदैव
सन्तति संरक्षक
स्वभाव से ही ।

छुअन, स्पर्श

1 -
शिशु के हाथ
माता है सहलाती
स्पर्श मधुर ।

2-
नन्ही हथेली
पढ़ती तकदीर
छू कर माता ।

3-
तेरी छुअन
जगाती सिहरन
सपने में भी ।

4-
छू के चरण
मिली आत्म संतुष्टि
माता पिता के ।

5-
तुम्हारा स्पर्श
स्मृतियों में जागृत
बढ़ाता हर्ष ।

6-
पवन बही
सुमन को छू कर
सुगन्ध भरी ।

7-
खुश करता
माँ के हाथों का स्पर्श
नन्हे शिशु को ।

8-
नहीं भूलता
सांत्वना देता स्पर्श
तेरे हाथों का ।

नींद

1 -
नींद की परी
नैन द्वार उतरी
तोहफे लिये ।

2-
स्वप्न सुगन्ध
महकाये संसार
नींद के द्वार ।

3-
नींद नशीली
पलकें हों बोझिल
तब ठहरे ।

4-
नींद न आयी
फ़टी हुई रजाई
शीत कँपाती ।

5-
नींद जरा सी
जगत मोह फाँसी
जागे सन्यासी ।

6-

बन्द आंखों में
नींद का बसेरा है
स्वप्न अतिथि ।

7-
नींद का बोझ
मुकुलित नयन
स्वप्न सजाते ।

8-
आंखों में नींद
खुशबू का निवास
जैसे फूलों में ।

9-
नींद की कली
दिन भर मचली
रात में खिली ।

10-
मन अधीर
विचलित शरीर
अधूरी नींद ।

श्रमिक

1 -
है व्यथित
पसीने से धो रहा
मुख श्रमिक।

2-
दिवस भर
करता परिश्रम
पेट के लिये।

3-
भूख की छुट्टी
कभी भी नहीं होती
खटे श्रमिक।

4-
श्रम करता
पसीना नहलाता
मजदूर को।

5-
है सहेजता
श्रम का उपहार
गहरी नींद।

6-

श्रम की शक्ति
सदैव रोग मुक्ति
चिंता से दूर ।

7-
समय नहीं
शोक तनाव हेतु
व्यस्त श्रमिक ।

8-
श्रम का वार
सदा करे लाचार
न हो बीमार ।

9-
गिरा पसीना
श्रमिक के माथे से
भू के अंचल ।

10 -
श्रम की गंगा
बहती अनवरत
श्रमिक बल ।

देश के लिये

23

1-
देश के लिये
होते हैं बलिदान
सैनिक प्राण ।

2-
पत्थरबाज
सारे ही देशद्रोही
भ्रष्ट समाज ।

3-
पत्थरबाजी
सैनिक रक्षा हित
पैलेट गन ।

4-
आतंकवादी
सदैव निंदनीय
सजा जरूरी ।

5-
आतंकवाद
मानवता का शत्रु
करो विनाश ।

6-

पर घातक
मौत के अधिकारी
दो मृत्युदंड ।

मातृभूमि भारत

1-
प्रशंसनीय
हमारी मातृभूमि
अवर्णनीय ।

2-
हिमाद्रि श्रृंग
शोभा है अलौकिक
हमारा गर्व ।

3-
दक्षिण दिशा
नील वर्ण सागर
पद पखारे ।

4-
षड ऋतुएँ
करतीं सुशोभित
भारत देश ।

5-
करते रक्षा
सैनिकों के समूह
प्राण देकर ।

6-सीमा रक्षक
अधसोये सैनिक
शत्रु प्रहार ।

7-
शोक विह्वल
सैनिक परिवार
वीर शहीद ।

8-
रहे अमर
बलिदान की गाथा
युग पर्यंत ।

महाशिवरात्रि

27

1-
शिव शंकर
जय त्र्यम्बकेश्वर
नमन करूँ ।

2-
हे शिव शम्भो
हे अर्ध नारीश्वर
नमन तुम्हें ।

3-
हे पार्वती पति
है तुम्हारा पूजन
कल्याणकारी ।

4-
हे कैलाशपति
अलख निरंजन
वरदायक ।

5-
त्रि बेल पत्र
नमः शिवाय मंत्र
कल्याणप्रद ।

6-

भीति नाशक
कष्टों का निवारक
डमरू स्वर ।

7-
शिव को प्रिय
पाचक रसायन
भंग तरंग ।

स्वप्न

1-
सब ले जाओ
रहने दो ये ख्वाब
सूनी आंखों में ।

2-
सपने देखे
मधुर मिलन के
जगी आंखों ने ।

3-
स्वप्न दिखातीं
मधुर कल्पनायें
नींद बिना ही ।

4-
स्वप्न सजाते
सुखद भविष्य के
खुली आँखों मे ।

5-
स्वप्न जागते
अधकचरी नींद
मन बेचैन ।

6-

सुबह हुई
कलियाँ खिल गयीं
सपने सोये ।

7-
आँख हथेली
सपनों की मेंहदी
रोज़ रचाती ।

8-
सुख सपना
हर आँख देखती
होता न पूरा ।

9-
आंखों के द्वार
सपनों का संसार
रचे रंगोली ।

घुँघरू

1-
चरण शोभा
घुँघरू जब बजा
जग बदला ।

2-
घुँघरू बना
दरबार की शोभा
लाज उतरी ।

3-
पाँव हिलते
खनकते घुँघरू
नृत्य की कला ।

4-
घुँघरू बिना
रसहीन रहती
नृत्य की कला ।

5-
राधा रानी के
चंचल पग बंधे
स्वर्ण घुँघरू ।

6-

नचाती रहें
चपल कामनाएँ
यथा घुँघरू ।

7-
मनकामना
हृदय में पहने
नाचता रहे ।

8 -
करें इशारे
समय के घुँघरू
मानव नाचे ।

9-
छन छनन
हवाओं के घुँघरू
बजने लगे ।

अश्व

33

1-
अश्व चेतक
स्वामिभक्ति प्रतीक
प्राण अर्पित ।

2-
अश्व सदैव
होता गति प्रतीक
शक्ति संयुक्त ।

3-
सूरज होता
सप्ताश्व रथारूढ़
अगम गति ।

4-
यज्ञ का घोड़ा
राजा का जयघोष
करे सर्वत्र ।

5-
पालतू पशु
बेहद वफ़ादार
माने सवार ।

6-

जब जीतता
घुड़दौड़ का घोड़ा
हों वारे न्यारे ।

7-
काल का घोड़ा
करता है विवश
हर किसी को ।

8-
अलंघ्य गति
भागता ही जाता है
वक्त का अश्व ।

जल

35

1-
भविष्य नष्ट
जल भण्डार भ्रष्ट
असीम कष्ट ।

2-
सलिल धार
मन रहा निहार
तुष्टि अपार ।

3-
नष्ट भविष्य
जल होता अदृश्यर
क्षण बिना ।

4-
सदा अपेय
जलनिधि का जल
पड़ा नमक ।

5-
विकल पीर
मन अति अधीर
दृग में नीर ।

6-

पड़ीं दरारें
भूमि की छाती फ़टी
पानी के बिना ।

7-
रहे बहाती
सरिता उच्छृंखल
स्वतंत्र जल ।

8-
विमल नीर
तृप्त करे पिपासा
मिटाये पीर ।

बैसाखी

1-
बैसाखी पर्व
नष्ट करता गर्व
लाता आनन्द ।

2-
आयी बैसाखी
फसलों की डोली में
बन दुल्हन ।

3-
बैसाखी मेला
कोई नहीं अकेला
हँसी का रेला ।

4-
सब के द्वार
बैसाखी का त्यौहार
खुशी अपार ।

5 -
द्वार आ खड़ीं
बैसाखी की खुशियाँ
बांटो रेवड़ी ।

6-

भरे भंडार
खुशियाँ हैं अपार
बैसाखी पर्व ।

7-
चलें मेले में
न रहें अकेले में
मने बैसाखी ।

8-
कहे पुकार
बैसाखी का त्यौहार
गले तो मिल ।

9-
आयी बैसाखी
भरे अन्न भण्डार
सुख संचार ।

10-
अन्न की पूंजी
सहेजता किसान
बैसाखी मान ।

ग्रीष्म

1-
सहे सुबह
गर्म लू के थपेड़े
तपता सूर्य ।

2-
भूमि का तल
तवा सा रहा जल
भीषण ताप ।

3-
सूरज तपे
आँख मुँह को ढाँपे
निकले लोग ।

4-
धूप प्रचण्ड
ग्रीष्म का है घमण्ड
तपा मार्तण्ड ।

5-
ग्रीष्म अनल
रवि रहा है जल
तपे भू तल ।

6-

टहका टेसू
महकता महुआ
ग्रीष्मोपहार ।

7-
जलाता घाम
मिले नहीं आराम
चटकी प्यास ।

8-
तीखी तपन
चूने लगा पसीना
बढ़ी उमस ।

9-
ग्रीष्म के गाँव
रवि तापे अलाव
दुबकी छाँव ।

10-
करें प्रसार
ग्रीष्म के अत्याचार
तीक्ष्ण प्रहार ।

11-
टेसू के फूल
हरियाया बबूल
डाली पे झूल ।

12-
अमलतास
पुष्पमय पलाश
ग्रीष्म प्रभाव ।

13-
है अभिशाप
गर्म हवा का ताप
चलती है लू।

सागर

42

1-
मन अधीर
भव उदधि तीर
अपेय नीर।

2-
सिन्धु का दिल
नदियों की मंजिल
आकर मिल।

3-
खारा सागर
रत्नों का है आगर
रहता प्यासा।

4-
रत्न छिपाये
गहरा समन्दर
अतुलनीय।

5-
छलकी नदी
अथाह वेदना से
दो नयनों की।

6-

मत गिनिये
किनारे बैठ कर
सिन्धु लहरें।

7-
नहीं मिलते
समुद्र तट पर
अमूल्य रत्न।

8-
चतुर सिन्धु
फेंक देता किनारे
घोंघे व शंख।

9-
रत्नों के हित
कूदना ही पड़ता
सागर जल।

10 -
मिलन स्थल
पावन नदियों का
सागर तल।

11-
शरणागता
नदियों का रक्षक
मात्र सागर।

12-
अद्रि त्यागता
समुद्र में नदियाँ
शरण पातीं।

झील

1-
झील का जल
जैसे कोई दर्पण
झाँकता नभ ।

2-
गहरी झील
उतर कर चाँद
मुख निहारे ।

3-
झील बनाती
पर्वत श्रृंखलाएं
नित्य नवीन ।

4-
पहाड़ी झील
संचित है करती
मीठे जल को ।

5-
झील सा बनो
प्यास बुझाते रहो
अंतस्तल की ।

6-

चुरा के धूप
झील दर्पण चाँद
निरखे रूप।

7-
चाँद को देखा
शरमाई चाँदनी
झील में छिपी।

8-
चाँदनी आयी
करने पहुनाई
झील के घर।

नदी

46

1-
पर्वत फटा
निकली जलधारा
अमृतमयी ।

2-
पहाड़ी नदी
पत्थर तराशती
शिव बनाती ।

3-
प्रस्तर शिला
दिल जब पिघला
जल निकला ।

4-
सरिता धारा
पर्वत से उतरी
सिन्धु समायी ।

5-
बहती सरी

सदियाँ हैं गुजरी
नहीं ठहरी ।

6-
प्राण दायिनी
पलते जल-जन्तु
नदी नीर में ।

7-
दौड़ती नदी
सागर में जा गिरी
मिटा अस्तित्व ।

8-
निकली नदी
गिरि को छोड़ कर
बस्ती की ओर ।

9-
गंगा प्रवाह
कर रहा अपेक्षा
स्वच्छ जल की ।

10-
दूषित नदी
प्राण तड़फड़ाते
पानी के बिना ।

11-
गोरी चाँदनी
पैरों को पखारती
नदी जल में ।

निझर झरना

48

1-
तन पत्थर
हृदय मनोहर
बहा निझर ।

2-
संग का दिल
पिघल कर बहा
झरना बना ।

3-
गिरि से गिर
चोटिल है निझर
भूला डगर ।

4-
झरे निझर
मिलता अविरल
शीतल जल ।

5-
चांद नहाता
झरने के जल में
अद्भुत रूप ।

जगदम्बा दुर्गा

49

1-
दुर्ग नाशिनी
कल्याण विधायिनी
दुर्गति मेटो ।

2-
माता अम्बिका
जगत की पालिका
सुख दायिका ।

3-
मातृ चरण
अनुपम शरण
करें वरण ।

4-
सिंह वाहिनी
सुख शुभ दायिनी
कष्ट मिटाओ ।

5-
माता के द्वार
हो रहा जगराता
है जै जैकार ।

6-

है अनुपमा
शक्ति स्वरूपिणी माँ
भाग्य विधात्री ।

7-
पूजें नारियाँ
ईसर गणगौर
एक ही ठौर ।

8-
कल्याण करो
मइया गणगौर
रहे सुहाग ।

वंशी

51

1-
वंशी की धुन
मन अब तो सुन
जीवन संध्या ।

2-
श्याम साँवरे
मन में करे घाव
वंशी की धुन ।

3-
वंश के वन
हवा सरसरायी
गूँजती धुन ।

4-
सुन रे कन्हाई
विनती है सुनायी
बजा बाँसुरी ।

5-
बजी बाँसुरी
लो तिमिर आसुरी
हुआ विनष्ट ।

6-

मुरली बजी
कामना डोली सजी
गोपियाँ नाचीं।

7-
बजी बाँसुरी
लोभ मोह आसुरी
मीनार गिरी।

रोटी

53

1 -
बड़ी या छोटी
भूखे जन को भाती
कैसी भी रोटी ।

2-
चाँद में रोटी
ढूँढता ही रहता
भूखा बालक ।

3-
रात बनाती
शिशु से तारों हित
चाँद की रोटी ।

4-
भूख मिटाती
कूड़ेदान में मिली
गीली रोटी भी ।

5-
जूठी थाली में
मत छोड़ो रोटियाँ
अन्न अमूल्य ।

6-

रोटी के लिये
बनता अपराधी
भूखा मनुष्य ।

7-
भूख से पूछो
रोटियों की कीमत
वही जानती ।

8-
क्षुधार्त जनः
किं न करोति पापं
रोटिकां देहि ।

9-
मीठी रोटियाँ
श्रम से उपजतीं
मन को भातीं ।

10-
रूखे टिक्कड़
प्याज नमक सँग
खाये किसान ।

11-
लगतीं मीठी
माँ के हाथों की बनी
मोटी रोटियाँ ।

गौरैया

55

1-
नन्ही गौरैया
हो रही अलक्षित
सुरक्षा बिना ।

2-
आँगन शोभा
फुदकती गौरैया
गयी विदेश ।

3-
प्यारी गौरैया
कहलाती बाभनी
रूठ ही गयी ।

4-
फ्लैट संस्कृति
नहीं कहीं जगह
घोंसला हित ।

5-
दाना न पानी
हो रही मनमानी
पंछी बेमानी ।

6-

मन मे पीर
लौट आये गौरैया
चुल्लू में नीर ।

7-
आटे की गोली
हाथों पर चुगती
प्यारी गौरैया ।

8-
सूखते पेड़
खो गयी हरियाली
पंछी बेहाल ।

9-
जीने की चाह
कराहती गौरैया
मिली न राह ।

होली

1-
आया फागुन
भौंरों की गुनगुन
खिलीं कलियाँ।

2-
होली के रंग
जगा रहे उमंग
मृतकों में भी।

3-
गिरा गुलाल
पश्चिम दिशा लाल
साँझ की बेला।

4-
रवि ने मला
चुटकी भर रंग
भोर के मुख।

5-
भस्म हो वैर
होलिका की अग्नि में
पनपे प्यार।

6
-वन दहका
खिलखिलाए फूल
होली के रंग।

7-
उठी तरंग
हृदय में उमंग
बिखरे रंग।

8-
लाज की लाली
झुकने लगी डाली
फाग प्रभाव।

9-
मिटा मलाल
होली के संग उड़ा
सुख - गुलाल।

10-
होली के रंग
बढ़ा रहे उमंग
खुशियों सँग।

11-
होली की अग्नि
द्वेष को करे भस्म
प्रेम का पर्व।

12-
गले मिलते

रंगों से सराबोर
निश्छल मन ।

13-
सूरज मले
प्राची - मुख गुलाल
अम्बर लाल ।

14-
उड़ा अबीर
पूर्व दिशा को चीर
आया मिहिर ।

शब्द

1-
आया फागुन
भौंरों की गुनगुन
खिलीं कलियाँ ।

2-
होली के रंग
जगा रहे उमंग
मृतकों में भी ।

3-
गिरा गुलाल
पश्चिम दिशा लाल
साँझ की बेला ।

4-
रवि ने मला
चुटकी भर रंग
भोर के मुख ।

5-
भस्म हो वैर
होलिका की अग्नि में
पनपे प्यार ।

6
-वन दहका
खिलखिलाए फूल
होली के रंग ।

7-
उठी तरंग
हृदय में उमंग
बिखरे रंग ।

8-
लाज की लाली
झुकने लगी डाली
फाग प्रभाव ।

9-
मिटा मलाल
होली के संग उड़ा
सुख - गुलाल ।

10-
होली के रंग
बढ़ा रहे उमंग
खुशियों सँग ।

11-
होली की अग्नि
द्वेष को करे भस्म
प्रेम का पर्व ।

12-
गले मिलते

रंगों से सराबोर
निश्छल मन ।

13-
सूरज मले
प्राची - मुख गुलाल
अम्बर लाल ।

14-
उड़ा अबीर
पूर्व दिशा को चीर
आया मिहिर ।

चूड़ियाँ

1-
श्रवण घुली
चूड़ियों की खनक
माँ के हाथों की ।

2-
सौभाग्य चिन्ह
हरी लाल चूड़ियाँ
हाथों में सजीं ।

3-
खनखनातीं
कलाई में चूड़ियाँ
नारी श्रृंगार ।

4-
भाग्य प्रतीक
चूड़ी भरी कलाई
सुहागिन की ।

5-
रंगीन चूड़ी
सुनहरे ख्वाबों सी
उम्मीद भरी ।

6-
आस बन्धातीं
चूड़ियाँ खनकतीं
पिया मिलन ।

7-
मीठी आवाज़
चूड़ियों की खनक
मन लुभाती ।

दर्पण

65

1-
सहमा मन
धुंधलाया दर्पण
बिन साजन ।

2-
नहीं तोड़ना
रिश्तों के दर्पण को
असहनीय ।

3-
दिल- दर्पण
टूटने नहीं पाये
रखो सँभाल ।

4-
मन दर्पण
कराता है दर्शन
निज स्वरूप ।

5-
साफ़ आईना
करता निरूपण
सत्यासत्य का ।

6-
करे दर्पण
गुण व अवगुण
छवि अंकित ।

7-
नादान पंछी
ढूंढते अपर को
दर्पण पीछे ।

8-
चाँद निहारे
झील के दर्पण में
अपना मुख ।

साया, प्रतिबिम्ब

1-
शीतल छाया
तन मन हों तृप्त
तरु से पाया ।

2-
दुआ के साये
मुश्किलों से बचायें
रखें रक्षित ।

3-
अँधेरा आया
छूटी अपनी छाया
दिन की साथी ।

4-
तुम्हारा अक्स
दिल में हुआ नक्श
सदा के लिये ।

5-
पिता का अक्स
पुत्र के व्यक्तित्व में
हुआ प्रगट ।

6 -
श्याम की छवि
यमुना में समायी
कालिमा पायी ।

घूँघट

1 -
घूँघट पट
स्त्रियों का जमघट
सब उत्सुक ।

2 -
स्त्री का घूँघट
प्रतिबंधों का पट
सूर्यमपश्या ।

3 -
मन उन्मन
घूँघट का बन्धन
हुआ असह्य ।

4 -
मुखड़े पर
हाथ भर घूँघट
बोल बुलन्द ।

5 -
डालना होगा
मर्यादा का घूँघट
हर नारी को ।

6 -

चाँद लजाये
बादलों का घूँघट
दाग़ छिपाये ।

7 -
घूँघट पट
आकर्षण बढ़ाता
मन लुभाता ।

8 -
घूँघट ओट
निहारती दुल्हन
झुके नयन ।

9 -
घटा में चाँद
घूँघट में मुखड़ा
मोहक दृश्य ।

10 -
घूँघट पट
मर्यादा का प्रतीक
रक्षण योग्य ।

शून्य

1 -
शून्य आधार
सृष्टि गहन भार
करे स्वीकार।

2 -
बढ़ाता भार
शून्य है दसगुना
नहीं है व्यर्थ।

3 -
शून्य ही होता
ईश्वर प्रतिरूप
सर्व जनक।

4-
शून्य का भार
सदा दशगुणित
न निष्प्रयोज्य।

5 -
शून्य के बिना
असम्भव गणना
नहीं विकास।

6 -

शून्य सदन
खुशियाँ बिलखतीं
साँवरे बिन ।

7 -

सूना गगन
रजनीश के बिना
तारे मगन ।

8 -

आ जा साँवरे
डगर निहारते
नैन बावरे ।

9 -

दुआओं बिना
दुर्लभ होती सदा
ईश्वर कृपा ।

बीज

73

1-
बीज गलता
अंकुर है उगता
वृक्ष बनता ।

2-
धरती माता
कोख में सहेजती
फलों के बीज ।

3-
बो दिये बीज
फसल है तैयार
किसान खुश ।

4-
बीज में छिपी
सम्पूर्ण सृष्टि दिपी
फूटा अंकुर ।

5-
हो जाता नष्ट
प्रजनन का कष्ट
सहता बीज ।

6-

बीजों की थाती
भूमि ही संभालती
फिर लौटाती ।

फल

1-
धरती माता
कोख में सहेजती
फलों के बीज।

2-
महकी साँस
फलों की सुगन्ध से
मन लालची।

3-
पकता फल
लुटा रहा खुशबू
धीरज रख।

4-
सदैव मीठा
परिश्रम का फल
रखो यकीन।

5 -
बनीं विनम्र
फलों से लद कर
वृक्ष डालियाँ।

6 -
तरु सफल
देकर मीठे फल
मिले सम्मान ।

6 -
जीवन भर
कठिन परिश्रम
करे सफल ।

7-
गूलर फल
भूमण्डल सदृश
सृष्टि सहित ।

8 -
बनें औषधि
फलों के समुदाय
तिक्त कषाय ।

मोगरा, बेला

****

1-
फूल मोगरा
रात में खिला रहा
सुबह झरा ।

2 -
बेला के फूल
बिखराते सुगन्ध
डाली पे झूल ।

3 -
खुशबू उड़ी
नेह सम्बन्ध जुड़ी
बेला की लड़ी ।

4 -
यादों की कड़ी
बेला पुष्पों से सजी
सुहाग सेज ।

5 -
सेहरा सजा
मोगरे की लड़ियाँ
अरमाँ भरी ।

6 -
पत्नी की मांग
मोगरे वाली वेणी
शुभ श्रृंगार ।

7 -
आधी रात में
महक उठा बेला
पिया की याद ।

8 -
प्रणय भाव
कर रहे उद्दीप्त
बेला के फूल ।

9 -
नीला आकाश
बेला पुष्पों से तारे
चाँद गुलाब ।

तुलसी

1 -
लगा आँगन
तुलसी का बिरवा
नित्य नमन ।

2 -
ईश्वर कृपा
तुलसी वरदान
दिव्य औषधि ।

3 -
मोक्षदायिनी
पावन है तुलसी
पूजन योग्य ।

4 -
तुलसी पत्र
शुभ जीवनदायी
सुख सर्वत्र ।

5 -
जलाऊँ दिया
शालिग्राम की प्रिया
है वन्दनीया ।

वट, बरगद

1 -
कितनी ठंढी
बरगद की छांव
देती आराम।

2 -
सुहाग हित
वट सावित्री व्रत
करतीं स्त्रियाँ।

3 -
सूरज जले
बरगद के तले
छाया ही मिले।

4 -
रहे गूँजता
खगों का कलरव
वट के तरु।

5 -
वट की माया
डालियाँ ही बनतीं
सुदृढ वृक्ष।

6 -

देता औषधि
प्राण वायु व छाया
वट का वृक्ष ।

7 -

दीर्घ जीवन
सबको समेटता
ये बरगद ।

पीपल

82

1 -
करे प्रदान
सदैव प्राण वायु
पीपल तरु ।

2 -
सदैव गहो
पीपल की शरण
विष्णु निवास ।

3 -
रखता दूर
पीपल जलार्पण
शनि की बाधा ।

4 -
जीवनदायी
पीपल का सेवन
आयुवर्द्धक ।

5 -
हवा ने छुआE
डोलने लगे सब
पीपल पत्र ।

प्रसिद्ध तिथियाँ

1 -
सारी तिथियाँ
भारतीय संस्कृति
हैं नमनीय ।

2 -
परिवा तिथि
यात्रा होती निषिद्ध
ज्योतिष ज्ञान ।

3 -
प्रथमा तिथि
अन्नकूट पूजन
व गोवर्धन ।

4 -
दूज का चाँद
सौंदर्य का प्रतीक
महिमामय ।

5 -
यम द्वितीया
भगिनी करणीया
भ्रातृ सम्मान ।

6 -

रहें निर्भय
सम्पदा हो अक्षय
तिथि तृतीया।

7 -
सिद्धि प्रदाता
गणपति को प्रिय
चतुर्थी तिथि।

8 -
करवा चौथ
सौभाग्य प्रवर्धक
स्त्रियों का व्रत।

9 -
बसन्त ऋतु
आगमन सन्देश
लाती पंचमी।

10 -
ऋतु पंचमी
जागृत है करती
कन्या में आस्था।

11 -
आस्था शाश्वत
हल षष्ठी का व्रत
पुत्र रक्षक।

12 -
सूरज षष्ठी
सन्तान संरक्षिका
व्रती मातायें।

13 -
दुर्गा अष्टमी
नारी शक्ति प्रतीक
सराहनीय ।

14 -
शीतल करे
शीतलाष्टमी तिथि
करें बसौड़ा ।

15 -
हुआ प्रकाश
अष्टमी भादो मास
कृष्ण का जन्म ।

16 -
अवधपुरी
कार्तिक की नवमी
हो परिक्रमा ।

17 -
राम नवमी
राम का अवतार
करे सूचित ।

18 -
राम की जय
मारा गया रावण
दशमी तिथि ।

19 -
श्रद्धा से स्नान

दे गंगा दशहरा
अक्षय पुण्य ।

20 -
निर्जला व्रत
ज्येष्ठ की एकादशी
कल्याणदात्री ।

21 -
शिव को प्रिय
त्रयोदशी की तिथि
प्रदोष व्रत ।

22 -
पित्रों की विदा
अमावस्या की तिथि
करें तर्पण ।

23 -
पूनों की रात
अवतारों की बात
संसार जाने ।

24 -
बुद्ध पूर्णिमा
बुद्धत्व प्राप्ति सीमा
नमो पूर्णत्व ।

शनि

1 -
शनि की छाया
रहती भरमाती
चैन न पाया ।

2 -
कहते जन
शनि है दुखदायी
नहीं अन्यायी ।

3 -
पवनपुत्र
करते सदा रक्षा
शनि कोप से ।

4 -
सत्पथ चलो
शनि का आशीर्वाद
सफल बनो ।

5 -
शनि प्रसन्न
लोहा वसन अन्न
दीजिये दान ।

6 -
शनि वलय
सुख शांति निलय
न्यायाधिकारी ।

88

सूर्य

1 -
सूर्य करता
ब्रह्मांड प्रकाशित
प्रकाश पुंज ।

2 -
अग्नि का पिण्ड
अद्भुत ज्योति पुंज
दिव्य दिनेश ।

3 -
रवि की ऊर्जा
अंधकार मिटाती
जीवन देती ।

4 -
दिवा का पति
किरणों का आकर
है दिवाकर ।

5 -
जीव रक्षक
रवि तम भक्षक
भूमि सुहाग ।

पृथ्वी

1 -
कहते क्षमा
रत्नाकर निर्गमा
सबकी है माँ ।

2 -
गिरि निर्झरा
खनिज रत्न भरी
है वसुंधरा ।

3 -
पुत्र सदृश
पालन है करती
माता धरती ।

4 -
है यह पृथ्वी
सारे ग्रहों से श्रेष्ठ
पीयूषमयी ।

5 -
धरती प्यारी
षड ऋतुओं वाली
माता हमारी ।

चाँद

१

बादलों सँग
लुका छिपी खेलता
चंचल चाँद ।

२

चाँदनी रात
अनुपम सौगात
चाँद से मिली ।

३

दो दो चेहरे
शुक्ल व कृष्ण पक्ष
चाँद दिखाता ।

४

है चन्दा मामा
धरती माँ का भाई
सबका साथी ।

५

चन्द्र सतह
मानव के कदम
नया स्वरूप ।

६

चन्द्र लोक में
नव सृष्टि सृजन
विज्ञान दत्त ।

92

मंगल

1 -
ग्रह मंगल
न करे अमंगल
शनि का सखा ।

2 -
दिन मंगल
जन्मे पवनपुत्र
कष्ट निवारे ।

3 -
ग्रह मंगल
एक नयी उम्मीद
वैज्ञानिको की ।

4 -
मंगल तेज
कुंडली का मिलान
अत्यावश्यक ।

5 -
मंगलमूर्ति
श्री बजरंगबली
करें कल्याण ।

बुध

94

1 -
बुद्धि प्रदाता
सदैव कहलाता
है बुध ग्रह ।
2 -
शीतल ग्रह
श्वेत वर्ण का बुध
शांति का दाता ।

3 -
कल्याणकारी
बुध आदित्य योग
सदा सुखद ।

कपोत

95

1 -
मुँडेर पर
उतरे कबूतर
पाती लेकर ।

2 -
शांति प्रतीक
मासूम कबूतर
नभ में उड़े ।

3 -
नन्हे कपोत
प्रणय प्रवर्तक
मीत मिलाते ।

4 -
देख मार्जरी
नयन मूंद लेते
होते शिकार ।

5 -
झुंड के झुंड
छत पर उतरे
प्यारे कपोत ।

6 -

अनन्त नभ
नहीं बंधीं सीमाएँ
मुक्त कपोत ।

7 -
एक समान
मंदिर व मस्जिद
कपोत हित ।

प्रेम

1 -
प्रेम सम्बन्ध
मधुर अनुबंध
शुभ सुगन्ध ।

2 -
प्रणय काल
नहीं होता व्यतीत
जीता यादों में ।

3 -
प्रेम इशारा
रब का किया हुआ
आत्मा के प्रति ।

4 -
नूर की बूंद
आकाश से उतरी
प्रणय बनी ।

5 -
पावन मन
ढूँढता ही रहता
सात्विक प्रेम ।

6-

प्रेम है शक्ति
मधुर अनुरक्ति
अटूट भक्ति ।

7 -
प्रेम प्रकाश
कराता है विकास
जगाता आस ।

नक्षत्र

1 -
देवकी सुत
था रोहिणी नक्षत्र
जेल में जन्म ।

2 -
स्वाति की बूंदें
सदा रखें संतृप्त
जन जीवन ।

3 -
सर्व पूजित
मुहूर्त अभिजित
रामावतार ।

4 -
सबसे श्रेष्ठ
है रवि पुष्य योग
शुभ संयोग ।

5 -
चारो चरण
चिंता ही उपजाये
मूल नक्षत्र ।

रूह

1 -
रहती रूह
पिंजरे पे मोहित
त्याग कठिन ।

2 -
रहती जैसे
लिबास में शरीर
देह में रूह ।

3 -
मोह से बंधी
पिंजरा सच जाने
रूह है बंदी ।

4 -
शरीर छोड़
उड़ते प्राण पंछी
रूह लिपटी ।

5 -
भूल ही गयी
अपनी अमरता
रूह बेचारी ।

6 -

अक्षय आत्मा
शरीर बदलती
वस्त्र सदृश ।

7 -
उन्मुक्त रूह
ढूंढ रही कफ़न
मुक्ति के लिये ।

8 -
छोड़ दे मोह
जग रैन बसेरा
रूह न टिके ।

9 -
सन्त की रूह
जैसे मधु मक्षिका
रस ले उड़ी ।

10 -
अमर आत्मा
नहीं मरती कभी
ईश्वर जैसी ।

बादल, वर्षा

1 -
घन बरसे
पिया मिलन हित
मन तरसे ।

2 -
हँसे किसान
बरसाता अमृत
नीला गगन ।

3 -
नभ से आशा
तरसती धरती
मिटे पिपासा ।

4 -
बादल बीच
चमकती बिजली
नित्य डराती ।

5 -
बरसो घन
जा न पायें सजन
रहे मिलन ।

6 -
लिये रवानी
मोती की लड़ियों सा
बरसे पानी ।

7 -
अश्रु बरसे
भीगते कर कंज
मन उदास ।

8 -
भू के आंगन
नाच रही बरखा
मन मगन ।

योग

1 -
होती संभव
स्वयं की पहचान
योग के द्वारा ।

2 -
योग कराता
ईश का साक्षात्कार
आत्म तत्व से ।

तितली

1-
खिलती कली
मंडराती तितली
फूलों की गली ।

2-
ये तितलियाँ
फूलों की गोद सोयीं
नन्ही परियां ।

3-
मासूम शिशु
तितली जैसे हाथ
माँ सहलाती ।

4-
विविधवर्णी
रसपान करती
नन्ही तितली ।

प्रदूषण

1 -
वृक्ष वैभव
पा रहा पराभव
प्रदूषण से ।

2 -
गंगा यमुना
बहने लगा जल
कितना मैला ।

3 -
श्वांस दूभर
पवन प्रदूषित
जीना कठिन ।

4 -
नहीं दिखती
अम्बर में नीलिमा
है विडम्बना ।

5 -
सुननी होगी
हिमगिरि की चीख
अन्यथा नाश ।

6 -

बनें जाग्रत
दूर हो प्रदूषण
वृक्ष लगायें ।

बनें जाग्रत
दूर हो प्रदूषण
वृक्ष लगायें ।

राह

1 -
चल चल के
छालों से भरे पाँव
राह न रुकी ।

2 -
लोग तो आये
गुजरते भी गये
सड़क वहीं ।

3 -
हुए बे॰ ॰ ॰घर
नहीं होता बसे॰रा
सड़क पर ।

दीवार

1 -
तोड़ो दीवार
नफ़रत बढ़ती
अलगाव से ।

2 -
मत उठाओ
आँगन में दीवार
बढ़ाओ प्यार ।

3 -
उठी दीवार
करती बंटवारा
भाई भाई में ।

विविध

1 -
त्रस्त कृषक
मन का ज्वालामुखी
फूट ही पड़ा ।

2 -
हुआ हादसा
खाई में गिरी कार
कोई न बचा ।

3 -
आया तूफ़ान
हिचकोले खा रही
जीवन नैया ।

4 -
ईश बचाये
सभी आपदाओं से
करूँ विनय ।

5 -
आयेगी बाढ़
लील जायेगी सब
मन चिंतित ।

6 -
बादल फटा
मर गयी लाडली
खेत के बीच ।

7 -
मन मे फूटा
रोष का ज्वालामुखी
विनाशकारी ।

8 -
हिली धरती
आ रहा जलजला
गिरी दीवार ।

9 -
भीख माँगता
भटकता बालक
झिड़की खाता ।

10 -
स्वप्न जागते
नयन निलय में
नित्य नवीन ।

11 -
तुम मिलते
कम पड़ते बोल
बिखरे मौन ।

12 -
छोटा शहर

फैलती अफवाह
पल भर में ।

13 -
केवल तुम
मुझ मे समाहित
फिर भी कम ।

14 -
दुर्गम पथ
पकड़ा हुआ हाथ
छोड़ न देना ।

15 -
कांटों का पथ
चलना है मुश्किल
दूर मंजिल ।

16 -
मन की पीर
हमसफ़र बिना
कौन समझे ।

17 -
बिखरी लाली
पश्चिम मुख पर
सूर्यास्त पल ।

18 -
शब्द रूप ॐ
है सर्वत्र व्याप्त ॐ
सृष्टि रूप ॐ ।

19 -

ओस की बूंद
पुष्प - पंखुरी पर
मुक्ता सदृश ।

20 -
लक्ष्य है पूर्ण
मना पर्यावरण
झूठे आँकड़े ।

21 -
माँ की गोद में
मिलती है सुरक्षा
असीम सुख ।

22 -
चीनी के लिये
चींटियों की कतार
अनुशासित ।

23 -
हृदय मुग्ध
पुष्प पंखुरी पर
ओस की बूंदें ।